PROZAGEDICHTEN

Oscar Wilde getekend door Aubrey Beardsley

Oscar Wilde
PROZAGEDICHTEN

MET TEKENINGEN EN VIGNETTEN
VAN AUBREY BEARDSLEY

**Vertaald en ingeleid door
Max Schuchart**

**UITGEVERIJ
SIRIUS EN SIDERIUS
DEN HAAG**

Oorspronkelijke titel: Poems in Prose
© 1985 Nederlandse vertaling Max Schuchart – Den Haag
© 1985 Inleiding Max Schuchart – Den Haag
Boekverzorging Fred den Ouden – Studio Sirius – Den Haag
Zetwerk Bestenzet – Zoetermeer
Druk Bariet – Ruinen (Dr.)

ISBN 9064410682

1e druk, juli 1986

**Ook verschenen van Oscar Wilde
bij uitgeverij Sirius en Siderius**

SPROOKJES – ISBN 9064410100

VERHALEN – ISBN 9064410674

INHOUD

Inleiding	7
De kunstenaar	13
De weldoener	17
De discipel	20
De meester	23
Het huis des oordeels	27
De leraar van wijsheid	33
De dichter	43
De toneelspeelster	47
Simon van Cyrene	53
Jezabel	57

INLEIDING

Van al het werk van de schrijver Oscar Wilde, die in de tweede helft van de vorige eeuw triomfen vierde met zijn roman HET PORTRET VAN DORIAN GRAY, zijn verhalen, sprookjes, essays, poëzie en vooral zijn toneelstukken, zijn de GEDICHTEN IN PROZA het minst bekend. In vroegere uitgaven van zijn verzameld werk kwamen ze, evenals THE PORTRAIT OF MR. W.H., een studie over de sonnetten van William Shakespeare, niet voor. In latere uitgaven zijn ze echter wel opgenomen, en in 1954 zijn er behalve de eerste zes, die hier in vertaling volgen, nog vier gepubliceerd in het boek SON OF OSCAR WILDE van Vyvyan Holland, een zoon van Oscar Wilde, als 'Ongepubliceerde Gedichten in Proza Verteld door Oscar Wilde.'

Indien Wilde alleen maar deze prozagedichten zou hebben geschreven, zou hij waarschijnlijk nauwelijks zijn opgemerkt, laat staan de internationaal bekende figuur zijn geworden die hij ook nu, vijfentachtig jaar na zijn dood nog steeds is. Maar toch zijn ze van belang als facetten van een schrijver die zijn persoonlijkheid niet alleen tot uitdrukking bracht in het werk dat hij schreef, maar wiens hele leven ook een soort kunstwerk was. Want Wilde

dankt zijn roem als schrijver ten dele aan het leven dat hij leidde, aan de presentatie van zijn persoonlijkheid: de extravagante opzichtigheid van zijn kleding, zijn briljantheid als causeur, het geruchtmakende zedenschandaal waarin hij betrokken raakte en dat leidde tot een vernederende gevangenisstraf, en zijn tragische einde.
Oscar Wilde is dan ook door Osbert Burdett, de schrijver van een studie over *The Beardsley Period,* 'The Man of Legend' genoemd: een uitstekende typering van de schrijver die volgens tijdgenoten een zoveel genialere spreker dan schrijver was, dat zij ons verzekeren dat zijn werk slechts als een zwakke afschaduwing van zijn persoonlijkheid moet worden beschouwd. Wanneer Wilde in elegant en intelligent gezelschap verkeerde en zijn fantasie en woordenrijkdom de vrije loop liet, moet hij onweerstaanbaar boeiend zijn geweest.
Hesketh Pearson, de voortreffelijke biograaf, zegt in zijn *The Life of Oscar Wilde* dat de schrijver, die het gezelschap van adellijke persoonlijkheden niet schuwde, het gelukkigst was onder zijn vrienden en onder kunstenaars, die hij niet hoefde te imponeren. In dat soort kringen schijnt de conversatie ernstiger te zijn geweest, en daar gaf hij zijn parabels, of fabels met een moraal, ten beste, die onmiskenbaar getuigden van de invloed van het Evangelie of het Hooglied van Salomo en die, aldus Hesketh Pearson, 'waren geïnspireerd door zijn belangstelling voor de figuur van Christus met wie zijn theatrale persoonlijkheid zich identificeerde.'

Want Wilde had een sterke neiging tot de godsdienstige mystiek en voelde zich sterk aangetrokken tot het Rooms Katholieke geloof, waartoe hij op zijn doodsbed in 1900 overging.

Deze prozastukken, die in de loop van de conversatie ontstonden, werden door Wilde herhaaldelijk bewerkt, en ten slotte in de *Fortnightly Review* van juli 1894 onder de titel *Poems in Prose* voor het eerst gepubliceerd.

Hesketh Pearson zegt in zijn biografie over Wilde, dat de gepubliceerde vorm geen verbetering betekende ten opzichte van de mondelinge versies. 'De vroegere versies die we bezitten, en die afkomstig zijn van vrienden aan wie hij ze vertelde, zijn minder barok en indrukwekkender dan de gepubliceerde; en omdat een beeld van hem als causeur niet volledig zou zijn zonder enkele voorbeelden van dit zeer karakteristieke facet van zijn conversatie in congeniale omgeving, zijn de volgende fabels de verhalen zoals ze werden verteld, en niet die welke aan het papier werden toevertrouwd.'

'Net zoals de musicus in klanken, de beeldhouwer in vorm en de schilder in kleur denkt, zo dacht Wilde in verhalen: zijn filosofie drukte zich natuurlijk uit in parabels, die spontaan in zijn gedachten opkwamen van het onderwerp van het ogenblik.'

Pearson geeft hiervan het volgende voorbeeld:

''Wat heb je sinds gisteren gedaan?' vroeg hij aan André Gide. Gide vertelde het hem. 'Heb je dat werkelijk gedaan?' 'Ja.' 'En je spreekt de waar-

heid?' 'Absoluut.' 'Waarom zou je die dan herhalen? Je moet inzien dat die niet van het minste belang is... Er zijn twee werelden. De ene bestaat, en daar wordt nooit over gesproken: die wordt de echte wereld genoemd, omdat je er niet over hoeft te spreken om haar te zien. De andere is de wereld van de kunst: je moet daarover spreken omdat ze anders niet zou bestaan.''
Wilde, aldus Pearson, illustreerde deze opvatting met een verhaal dat hij nooit heeft gepubliceerd, maar waarvan Vyvyan Holland een andere versie als een van de vier prozagedichten in zijn SON OF OSCAR WILDE heeft opgenomen, nl. *De Dichter*. De versie die Pearson aanhaalt is afkomstig van Wilde's vriend Charles Ricketts, en luidt alsvolgt: 'Er was een zeker man die erg geliefd was bij de inwoners van zijn dorp want, wanneer ze zich in de schemering rondom hem verzamelden en hem vragen stelden, placht hij vele vreemde dingen te vertellen die hij had gezien. Hij zei dan: 'Ik heb drie meerminnen bij de zee gezien die hun groene haar met een gouden kam kamden.' En toen ze hem vroegen meer te vertellen, antwoordde hij: 'Bij een holle rots zag ik een centaur; en toen zijn ogen in de mijne keken, keerde hij zich langzaam om om heen te gaan, en staarde me droevig over zijn schouder aan.' En toen ze hem verlangend vroegen: 'Vertel ons, wat heb je verder gezien?' vertelde hij hen: 'In een klein bosje speelde een jonge faun op een fluit voor de bosbewoners die op zijn tonen dansten.' Op een dag toen hij, zoals zijn gewoonte was, het

dorp had verlaten, verschenen drie meerminnen uit de golven die hun groene haren kamden met een kam van goud, en toen ze weg waren, gluurde een centaur naar hem van achter een holle rots, en later, toen hij voorbij een klein bosje kwam, zag hij een faun die op een fluit voor de bosbewoners speelde. Die nacht, toen de mensen van het dorp zich bij schemering verzamelden en zeiden: 'Vertel ons, wat heb je vandaag gezien?' antwoordde hij treurig: 'Vandaag heb ik niets gezien.''

Hoewel de gedichten in proza niet tot de hoogtepunten in het werk van Oscar Wilde kunnen worden gerekend, zijn ze niettemin alleszins opmerkelijk als een onmisbaar facet van zijn persoonlijkheid en kunstenaarschap, en als getuigenissen van zijn oorspronkelijke, dichterlijke en scherpzinnige geest. Want evenals de sprookjes die hij schreef, tonen ze aan dat hij niet slechts een geestige cynicus was, maar in wezen een gevoelig mens, en bevestigen ze de moralistische inslag van zijn werk.

MAX SCHUCHART

DE KUNSTENAAR

Op een avond kwam in zijn ziel het verlangen op om een beeld te maken van *Het Genot dat een Ogenblik Blijft.* En hij trok de wereld in om naar brons te zoeken. Want hij kon alleen maar in brons denken.

Maar al het brons van de hele wereld was verdwenen, en ook was er nergens in de hele wereld enig brons te vinden, behalve alleen het brons van het beeld van *Het Verdriet dat Eeuwig Duurt.*

Dat beeld nu had hij zelf en met zijn eigen handen gemaakt, en had het geplaatst op het graf van het enige waarvan hij in het leven had gehouden. Op het graf van het dode wezen waarvan hij het meest gehouden had, plaatste hij dit beeld dat hijzelf had gemaakt, opdat het zou dienen als een teken van de liefde van de mens die niet sterft, en als een symbool van het verdriet van de mens dat eeuwig duurt. En op de hele wereld was er geen ander brons dan het brons van dit beeld.

En hij nam het beeld dat hij had gemaakt, en

zette het in een grote oven, en gaf het aan het vuur.
En uit het brons van het beeld van *Het Verdriet dat Eeuwig duurt* maakte hij een beeld van *Het Genot dat een Ogenblik blijft.*

DE WELDOENER

Het was nacht en Hij was alleen.
En in de verte zag hij de muren van een ronde stad en ging naar die stad toe.
En toen Hij er vlakbij was, hoorde Hij in de stad de stappen van vreugdevolle voeten, en het gelach uit de mond van blijheid en de luide klanken van vele luiten. En Hij klopte aan de poort en een paar poortwachters lieten Hem binnen.
En Hij zag een huis dat van marmer was en waar mooie marmeren zuilen voor stonden. Die zuilen waren getooid met kransen, en binnen en buiten waren fakkels van cederhout. En Hij ging het huis binnen.
En toen hij de zaal van chalcedoon en de zaal van jaspis door was gelopen, en de lange feestzaal bereikte, zag Hij op een sofa van zeepurper iemand liggen wiens haar was gekroond met rode rozen en wiens lippen rood waren van de wijn.
En Hij ging achter hem staan en tikte hem op de schouder en zei tegen hem: 'Waarom leef je op deze manier?'

En de jongeman draaide zich om en herkende Hem, en gaf antwoord en zei: 'Maar ik was eens melaats en u hebt me genezen. Hoe moet ik anders leven?'

En Hij verliet het huis en ging de straat weer op. En na een tijdje zag Hij iemand wier gezicht en kledij waren geverfd en die parels aan haar voeten droeg. En achter haar kwam langzaam als een jager een jongeman die een tweekleurige mantel aan had. Nu was het gezicht van de vrouw als het mooie gezicht van een idool, en de ogen van de jongeman waren fel van wellust.

En Hij ging hem snel achterna en raakte de hand van de jongeman aan en zei tegen hem: 'Waarom kijk je naar die vrouw, en wel op die manier?'

En de jongeman draaide zich om en herkende Hem en zei: 'Maar ik was eens blind, en u hebt mij ziende gemaakt. Waar moet ik anders naar kijken?'

En Hij snelde naar voren en raakte de geverfde kleding van de vrouw aan en zei tegen haar: 'Is er geen andere weg om te gaan dan de weg van de zonde?'

En de vrouw draaide zich om en herkende Hem, en lachte en zei: 'Maar u hebt me mijn zonden vergeven, en die weg is een aangename weg.'

En Hij verliet de stad.

En toen Hij de stad verlaten had, zag Hij aan de kant van de weg een jongeman die huilde.
En Hij ging naar hem toe en raakte de lange lokken van zijn haar aan en vroeg hem: 'Waarom huil je?'
En de jongeman keek op en herkende Hem en antwoordde: 'Maar ik was eens dood en u hebt mij uit de dood opgewekt. Wat moet ik anders doen dan huilen?'

DE DISCIPEL

Toen Narcissus stierf, veranderde de vijver van zijn genoegen van een kom met zoet water in een kom met zilte tranen, en de bergnimfen kwamen schreiend door het bosland om voor de vijver te zingen om hem te troosten.

En toen ze zagen dat de vijver van een kom met zoet water in een kom met zilte tranen was veranderd, maakten ze de groene tressen van hun haar los en riepen tegen de vijver en zeiden: 'Het verbaast ons niet dat je op die manier om Narcissus treurt, zo mooi was hij.'

'Maar was Narcissus mooi?' vroeg de vijver.

'Wie zou dat beter weten dan jij?' antwoordden de bergnimfen. 'Ons liep hij altijd voorbij, maar jou zocht hij op, en lag dan op je oevers naar je te kijken, en in de spiegel van jouw water spiegelde hij zijn eigen schoonheid.'

En de vijver antwoordde: 'Maar ik hield van Narcissus omdat ik, terwijl hij op mijn oevers lag en naar mij neerkeek, in de spiegel van zijn ogen mijn eigen schoonheid weerspiegeld zag.'

DE MEESTER

Toen de duisternis over de aarde viel, kwam Jozef van Arimathea, na een fakkel van dennehout te hebben ontstoken, de heuvel af naar de vallei. Want hij had iets in zijn eigen huis te doen.

En toen hij op de vuurstenen van het Verlaten Dal knielde, zag hij een jongeman die naakt was en huilde. Zijn haar had de kleur van honing, en zijn lichaam was als een witte bloem, maar hij had zijn lichaam met doornen verwond en op zijn haar had hij as gestrooid als een kroon.

En hij die grote bezittingen had, zei tegen de jongeman die naakt was en huilde: 'Het verbaast me niet dat je verdriet zo groot is, want Hij was ongetwijfeld een rechtvaardig mens.'

En de jongeman antwoordde: 'Ik huil niet om hem, maar om mezelf. Ook ik heb water in wijn veranderd, en ik heb de melaatse genezen en de blinde ziende gemaakt. Ik heb op de wateren gelopen, en ik heb bij de bewoners van de graftomben duivels uitgedreven. Ik heb de hongerigen in de woestijn waar geen eten was gevoed, en ik heb de doden uit hun smalle huizen opgewekt, en op mijn verzoek, en ten overstaan van een grote mensenmenigte, is een kale vijgeboom verdord. Alles wat die man gedaan heeft, heb ik ook gedaan. Maar toch hebben ze mij niet gekruisigd.'

HET HUIS DES OORDEELS

En toen heerste er stilte in het Huis des Oordeels, en de Man trad naakt voor God.
En God opende het levensboek van de Man.
En God zei tegen de Man: 'Uw leven is slecht geweest, en ge hebt u wreed betoond tegenover hen die bijstand nodig hadden, en tegenover hen die hulp behoefden, zijt ge bitter en hardvochtig geweest. De armen hebben u geroepen maar ge hebt niet naar hen geluisterd, en uw oren waren doof voor het huilen van Mijn bedroefden. De erfenis van de vaderlozen hebt ge uzelf toegeëigend, en ge hebt de vossen naar de wijngaard in het veld van uw buurman gestuurd. Ge hebt het brood van kinderen afgenomen en het aan de honden gevoerd, en Mijn melaatsen, die in de moerassen woonden en vrede hadden en Mij loofden, hebt ge naar de hoofdwegen verdreven, en op Mijn aarde waarvan ik u heb gemaakt, hebt ge onschuldig bloed vergoten'.
En de Man antwoordde en zei: 'Voorzeker heb ik dat gedaan.'

En opnieuw sloeg God het levensboek van de Man open.

En God zei tegen de Man: 'Uw leven is slecht geweest, en de schoonheid die ik u heb laten zien hebt ge gezocht, maar aan het Goede dat ik verborgen heb zijt ge voorbijgegaan. De muren van uw kamer waren beschilderd met afbeeldingen, en van het bed van uw gruwelen zijt ge op het geluid van fluiten opgestaan. Ge hebt zeven altaren opgericht voor de zonden die ik heb gedoogd, en hebt gegeten van hetgene waarvan niet gegeten mag worden, en het purper van uw kleding was geborduurd met de drie tekens van schande. Uw afgoden waren noch van goud noch van zilver die beklijven, maar van vlees dat sterft. Ge hebt hun haar met reukwateren bezoedeld en granaatappels in hun handen gelegd. Ge hebt hun voeten met saffraan besmeurd en tapijten voor hen uitgespreid. Met antimoon hebt ge hun oogleden geverfd en hun lichamen hebt ge met mirre ingewreven. Ge hebt tot aan de grond voor hen gebogen, en de tronen van uw afgoden zijn in de zon gezet. Ge hebt de zon uw schande en de maan uw waanzin getoond.'

En de Man antwoordde en zei: 'Voorzeker heb ik dat gedaan.'

En God sloeg het levensboek van de Man voor de derde keer open.

En God zei tegen de Man: 'Slecht is uw leven geweest, en met slechtheid hebt ge het goede en met wandaden vriendelijkheid vergolden. De handen die u voedden hebt ge gewond, en de borsten die u zoogden hebt ge versmaad. Hij die met water tot u kwam, ging met dorst heen, en de vogelvrijen, die u 's nachts in hun tenten verborgen, hebt ge voor de dageraad verraden. Uw vijand, die u spaarde, hebt ge in een hinderlaag verstrikt, en de vriend die uw metgezel was hebt ge voor een prijs verkocht, en hen die u liefde brachten hebt ge op uw beurt altijd wellust gegeven.'

En de Man antwoordde en zei: 'Voorzeker heb ik dat gedaan.'

En God sloot het levensboek van de Man, en zei: 'Ik zal u zeker naar de Hel sturen. Ja, ik stuur u naar de Hel.'

En de Man riep uit: 'Dat kunt Ge niet doen.'

En God zei tegen de Man: 'Waarom kan ik u niet naar de Hel sturen, en om welke reden?'

'Omdat ik altijd in de Hel heb geleefd,' antwoordde de Man.

En er viel een stilte in het Huis des Oordeels.

En na enige tijd sprak God, en zei tegen de Man: 'Aangezien ik u niet naar de Hel kan sturen, zal ik u voorzeker naar de Hemel sturen. Ja, ik zal u naar de Hemel sturen.'

En de Man riep uit: 'Dat kunt Ge niet doen.'

En God zei tegen de Man: 'Waarom kan ik u niet naar de Hemel sturen, en om welke reden?' 'Omdat ik mij die nooit en nergens heb kunnen voorstellen,' antwoordde de Man.
En er heerste stilte in het Huis des Oordeels.

DE LERAAR VAN WIJSHEID

Van zijn jeugd af aan was hij geweest als iemand die vervuld is van de volmaakte kennis van God, en ook toen hij nog een jongen was, waren velen van de heiligen, evenals bepaalde heilige vrouwen die leefden in de vrije stad waar hij geboren was, in grote verbazing gebracht door de diepe wijsheid van zijn antwoorden.

En toen zijn ouders hem de mantel en de ring van volwassenheid hadden gegeven, kuste hij hen, en verliet hen en trok de wereld in, opdat hij de wereld van God kon vertellen. Want er waren in die tijd velen op de wereld die God helemaal niet kenden, of een onvolledige kennis van Hem bezaten, of valse goden aanbaden die in heilige wouden wonen en zich niet om hun aanbidders bekommeren.

En hij wendde zijn gezicht naar de zon en ging op weg, zonder sandalen lopend zoals hij de heiligen had zien lopen, en met aan zijn gordel een leren beurs en een kleine waterkruik van gebakken klei.

En toen hij over de weg liep was hij vervuld van

de vreugde die van de volmaakte kennis van God komt, en hij zong onophoudelijk de lof van God; en na enige tijd bereikte hij een vreemd land waarin vele steden waren.

En hij trok door elf steden. En sommige van die steden lagen in dalen, en andere lagen aan de oevers van grote rivieren, en weer andere stonden op heuvels. En in iedere stad vond hij een discipel die hem liefhad en hem volgde, en ook volgde hem een grote mensenmenigte uit iedere stad, en de kennis van God verbreidde zich door het hele land, en velen van de heersers werden bekeerd, en de priesters van de tempels waarin afgoden waren, merkten dat de helft van hun aanhang verdwenen was, en wanneer zij 's middags op hun trommels sloegen, kwam er bijna niemand met pauwen en offergaven van vlees zoals voor zijn komst de gewoonte in het land was geweest.

Toch hoe meer mensen hem volgden en hoe groter het aantal van zijn discipelen werd, des te groter was zijn verdriet. En hij wist niet waarom zijn verdriet zo groot was. Want hij sprak altijd over God, en uit de volheid van die volmaakte kennis van God die God Zelf hem gegeven had. En op een avond verliet hij de elfde stad, die een stad in Armenië was, en zijn discipelen en een grote mensenmenigte volgde hem; en hij liep een berg op en ging op een rotsblok zitten dat op die berg lag, en zijn discipelen gingen om hem heen staan, en de menigte knielde in het dal.

En hij legde zijn hoofd in zijn handen en huilde, en zei tegen zijn Ziel: 'Hoe komt het dat ik vervuld ben van angst en verdriet, en dat elk van mijn discipelen als een vijand is die in de middag rondwaart?'

En zijn Ziel gaf hem antwoord, en zei: 'God heeft je vervuld van de volmaakte kennis van Hemzelf, maar je hebt die kennis aan anderen weggeven. De kostbare parel heb je verdeeld, en het kleed zonder zoom heb je stukgescheurd. Hij die wijsheid wegschenkt besteelt zichzelf. Hij is als iemand die zijn kostbaarheden aan een rover weggeeft. Is God niet wijzer dan jij bent? Wie ben jij dat je het geheim weggeeft dat God je heeft verteld? Ik was eens rijk, maar jij hebt me arm gemaakt. Eens heb ik God gezien, maar nu heb je Hem voor mij verborgen.'

En hij huilde opnieuw, want hij wist dat zijn Ziel de waarheid tegen hem sprak, en dat hij anderen de volmaakte kennis van God had geschonken, en dat hij was als iemand die zich aan de rokken van God vastklampt, en dat hij zijn geloof verloor vanwege het aantal van hen die in hem geloofden.

En hij zei tegen zichzelf: 'Ik zal niet meer over God spreken. Hij die wijsheid weggeeft, besteelt zichzelf.'

En na enkele uren kwamen zijn discipelen bij hem en bogen tot op de grond en zeiden: 'Meester, spreek met ons over God, want gij bezit de volmaakte kennis van God, en niemand anders dan gij bezit die kennis.'

En hij antwoordde hen en zei: 'Ik zal met jullie over alle andere dingen spreken die op aarde en in de hemel zijn, maar over God wil ik niet met jullie spreken. Nu, noch op een andere tijd zal ik met jullie over God spreken.'

En ze waren boos op hem en zeiden tegen hem: 'Ge hebt ons de woestijn in geleid opdat we naar u zouden luisteren. Wilt ge ons en de grote menigte die gij u hebt laten volgen nu hongerig wegsturen?'

En hij gaf hen antwoord en zei: 'Ik wil niet met jullie over God spreken.'

En de menigte morde tegen hem en zei tegen hem: 'Gij hebt ons de woestijn in geleid, en hebt ons geen voedsel te eten gegeven. Spreek met ons over God en het zal genoeg zijn.'

Maar hij gaf hen geen antwoord. Want hij wist dat hij zijn schat zou wegggeven als hij met hen over God sprak.

En zijn discipelen gingen bedroefd heen, en de menigte mensen keerde naar hun eigen huis terug. En velen stierven onderweg.

En toen hij alleen was, stond hij op en keerde zijn gezicht naar de maan, en reisde zeven manen, en sprak met geen enkele man of maagd en gaf ook geen antwoord. En toen de zevende maan was afgenomen, bereikte hij de woestijn, die de woestijn van de grote rivier is. En toen hij een grot had gevonden waarin eens een centaur had gewoond, koos hij die als woonplaats, en vlocht een rieten mat voor zichzelf om op te liggen, en werd kluizenaar. En ieder uur loofde de kluizenaar God dat Hij hem had toegestaan enige kennis van Hem en van Zijn wonderbaarlijke grootheid te behouden.

Op een avond nu toen de kluizenaar voor de grot zat die hij tot zijn woonplaats had gemaakt, zag hij een jongeman met een slecht maar mooi gezicht die in armoedige kleding en met lege handen voorbijkwam. Iedere avond kwam de jongeman met lege handen voorbij, en iedere ochtend keerde hij terug met zijn handen vol purper en parels. Want hij was een rover en beroofde de karavanen van de kooplieden.

En de kluizenaar keek naar hem en had medelijden met hem, maar hij sprak geen woord. Want hij wist dat hij die een woord spreekt zijn geloof verliest.

En op een ochtend toen de jongeman terugkeerde met zijn handen vol purper en parels, bleef hij staan en fronste het voorhoofd en stampte met zijn voeten op het zand, en zei tegen de kluizenaar: 'Waarom kijk je me altijd op die manier aan wanneer ik voorbij kom? Wat is het dan dat ik in je ogen zie? Want niemand heeft mij ooit eerder op die manier aangekeken. En dat is mij een ergernis en een kommer.'

En de kluizenaar antwoordde hem en zei: 'Wat je in mijn ogen ziet is medelijden. Medelijden is hetgene dat je uit mijn ogen aankijkt.'

En de jongeman lachte honend en schreeuwde met een verbitterde stem tegen de kluizenaar, en zei tegen hem: 'Ik heb purper en parels in mijn handen, en jij hebt alleen maar een rieten mat om op te liggen. Wat zou je medelijden met mij hebben? En waarom heb je medelijden?'

'Ik heb medelijden met je,' zei de kluizenaar, 'omdat je geen kennis draagt van God.'

'Is die kennis van God iets kostbaars?' vroeg de jongeman, en hij kwam dichter bij de opening van de grot staan.

'Die is kostbaarder dan al het purper en de parels ter wereld,' antwoordde de kluizenaar.

'En bezit jij die?' vroeg de jonge rover, en hij kwam nog dichterbij.

'Eens, zeker,' antwoordde de kluizenaar, 'bezat ik de volmaakte kennis van God. Maar in mijn dwaasheid heb ik er afstand van gedaan, en die onder anderen verdeeld. Maar ook nu nog is de kennis die mij is overgebleven kostbaarder dan purper of parels.'

En toen de jonge rover dit hoorde wierp hij het purper en de parels die hij in zijn handen had weg, en terwijl hij een scherp zwaard van gebogen staal pakte, zei hij tegen de kluizenaar: 'Geef mij onmiddellijk die kennis van God die je bezit, of ik zal je zeker doden. Waarom zou ik hem niet doden die een schat bezit die groter is dan mijn schat?'

En de kluizenaar spreidde de armen uit en zei: 'Zou ik er niet beter aan doen naar de meest afgelegen hoven van God te gaan en Hem te loven dan in de wereld te leven en geen kennis van Hem te dragen? Dood me als je dat wilt. Maar ik zal mijn kennis van God niet weggeven.'

En de jonge rover knielde neer en smeekte hem, maar de kluizenaar wilde niet met hem over God spreken, en hem ook zijn schat niet geven, en de jonge rover stond op en zei tegen de kluizenaar: 'Het zij zoals je wilt. Wat mijzelf betreft, ik zal naar de Stad van de Zeven Zonden gaan die slechts drie dagreizen van deze plaats verwijderd is, en voor mijn purper zullen zij mij genot schenken, en voor mijn parels zullen ze mij vreugde verkopen.' En hij pakte het purper en de parels op en ging vlug weg.

En de kluizenaar riep en volgde hem en smeekte hem. Drie dagen lang volgde hij de jonge rover op de weg en verzocht hem dringend om terug te keren, en de stad van de Zeven Zonden niet binnen te gaan.

En steeds weer keek de jonge rover om naar de kluizenaar en riep tegen hem en zei: 'Wil je mij die kennis van God geven die kostbaarder is dan purper en parels? Als je me die wilt geven, zal ik de stad niet binnengaan.'

Maar iedere keer antwoordde de kluizenaar: 'Ik wil je alles geven wat ik heb, behalve dat ene. Want dat kan ik niet rechtmatig weggeven.'

En in de schemering van de derde dag kwamen ze bij de grote scharlaken poorten van de Stad van de Zeven Zonden. En uit de stad kwam het geluid van veel gelach.

En de jonge rover lachte op zijn beurt, en wilde op de poort kloppen. Maar toen hij dat deed, snelde de kluizenaar naar voren en greep hem bij de zomen van zijn kleding en zei tegen hem: 'Strek je handen uit, en sla je armen om mijn nek, en leg je oor dicht tegen mijn lippen, en ik zal je geven wat mij rest van de kennis van God.'

En de jonge rover bleef staan.

En toen de kluizenaar zijn kennis van God had weggeven, viel hij op de grond en huilde, en een grote duisternis verborg hem voor de stad en de jonge rover, zodat hij ze niet meer zag.

En toen hij daar lag te huilen werd hij zich bewust van de Ene die naast hem stond; en Hij die naast hem stond had voeten van koper en haar als fijne wol. En Hij liet de kluizenaar opstaan, en zei tegen hem: 'Voordien bezat ge de volmaakte kennis van God. Nu zult ge de volmaakte liefde van God bezitten. Waarom huilt ge?' En Hij kuste hem.

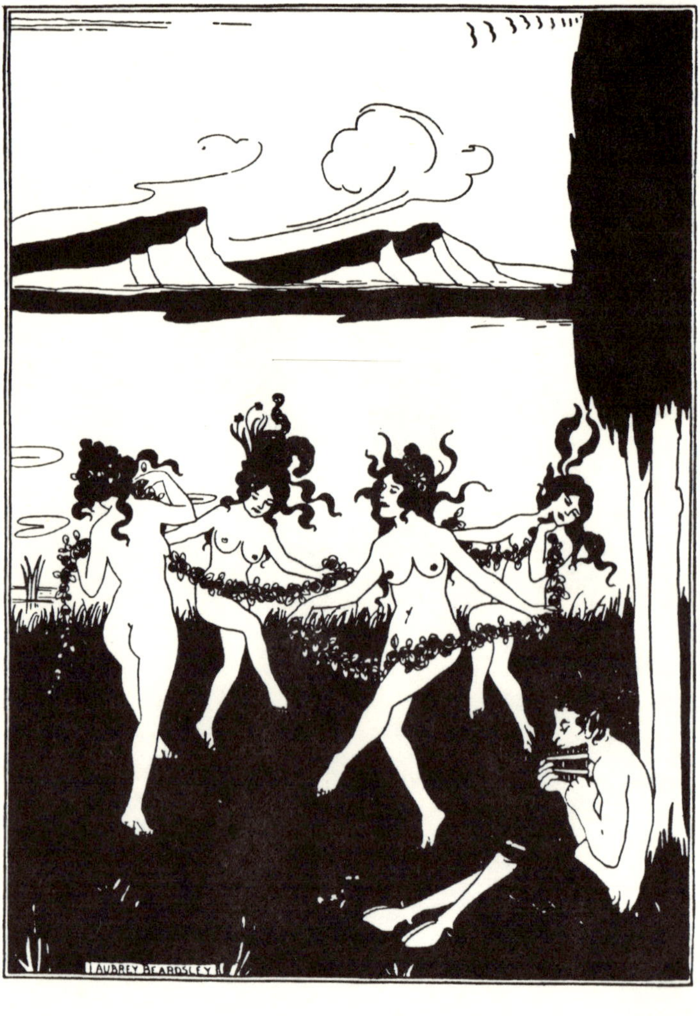
AUBREY BEARDSLEY

DE DICHTER

De dichter woonde in het land tussen de graslanden en de bossen; maar iedere morgen ging hij naar de grote stad die vele mijlen ver weg lag over de heuvels in de blauwe mist. En iedere avond keerde hij terug. En in de donkere schemering verzamelden de kinderen en de mensen zich rondom hem terwijl hij hen van alle wonderbaarlijke dingen vertelde die hij die dag in de bossen, en langs de rivier, en op de toppen van de heuvels had gezien.

Hij vertelde hen hoe de kleine bruine fauns tussen de groene bladeren in het bosland naar hem hadden gegluurd.

Hij vertelde hen van de nereïden met hun groene haar die uit het glasachtige meer waren gekomen, en op de muziek van hun harpen voor hem hadden gezongen.

Hij vertelde hen ook van de grote centaur die hem op de heuveltop tegemoet was gekomen, en lachend in een wolk van stof was weggegaloppeerd.

Deze en vele wonderbaarlijke dingen meer

vertelde de dichter aan de kinderen en de mensen, wanneer ze zich iedere avond, terwijl de schaduwen donkerder werden en de grijze schemering viel, rondom hem verdrongen.
Hij vertelde hen prachtige verhalen over de wonderlijke dingen die zijn geest had geschapen, want hij was van mooie fantasieën vervuld. Maar op een dag zag de dichter, toen hij van de grote stad door het bos terugkeerde, werkelijk de kleine bruine fauns door de groene bladeren naar hem gluren. En toen hij bij het meer kwam stegen de groenharige nereïden werkelijk uit het glasachtige water op en zongen hem op de muziek van hun harpen toe. En toen hij de heuveltop bereikte, galoppeerde een grote centaur weg in een wolk van stof en lachte.
Die avond toen de mensen en kinderen zich in de vage schemering rondom hem verzamelden om van alle wonderlijke dingen te horen die hij die dag had gezien, zei de dichter tegen hen: 'Ik heb jullie niets te vertellen, want vandaag heb ik niets gezien'; want op die dag had hij, voor het eerst van zijn leven, de werkelijkheid gezien, en voor een dichter is fantasie de werkelijkheid, en de werkelijkheid is niets.

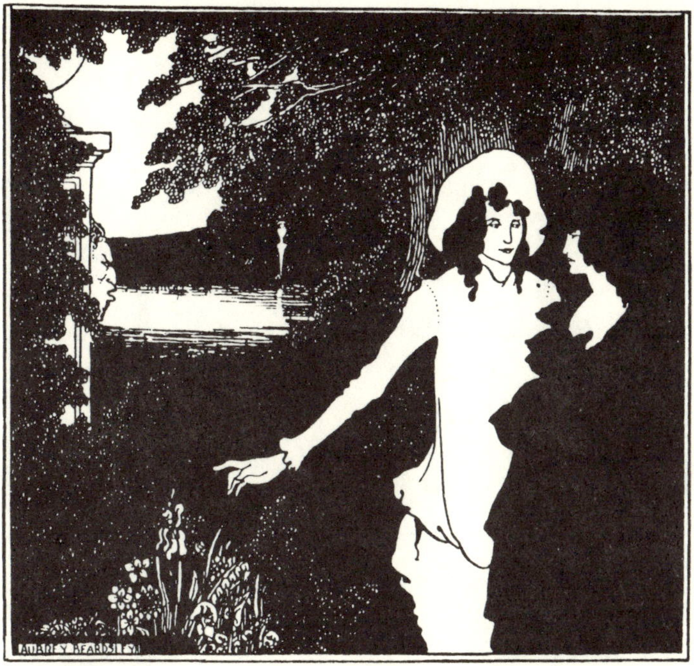
AUBREY BEARDSLEY

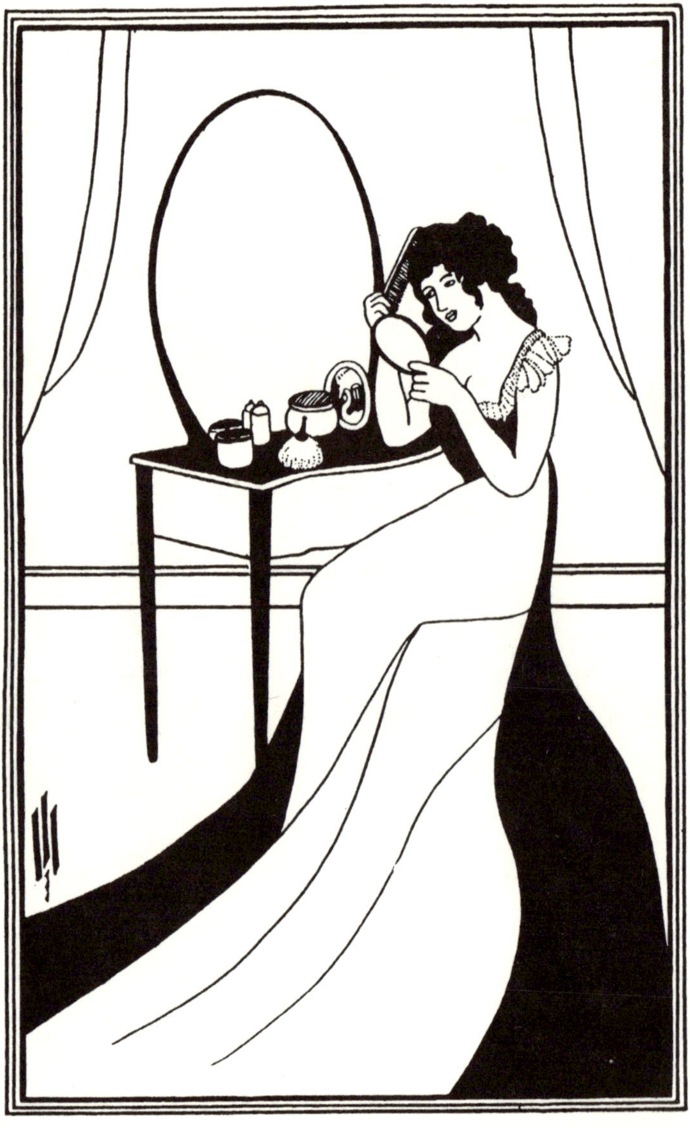

DE TONEELSPEELSTER

Er was eens een grote toneelspeelster. Een vrouw die zulke triomfen had gevierd, dat de hele kunstwereld van verering aan haar voeten lag.

De wierook van hun verering had haar leven vele jaren vervuld en haar ogen dof gemaakt voor andere dingen, zodat ze naar niets anders verlangde.

De dag kwam echter waarop ze een man ontmoette van wie ze met hart en ziel hield. Toen betekenden heel haar kunst, en al haar triomfen en de wolken van wierook niets meer voor haar – de liefde was haar hele leven. Maar niettemin werd de man van wie ze hield jaloers – jaloers op het publiek waar de vrouw niet langer om gaf.

Hij vroeg haar haar carrière op te geven, en het toneel voorgoed vaarwel te zeggen. Dat kostte haar geen enkele moeite, want zei ze: 'Liefde is beter dan kunst, beter dan roem, beter dan het leven zelf.' En dus verliet ze graag het toneel en al zijn triomfen, en deed afstand van haar hele leven voor de man van wie ze hield.

De tijd snelde voort, en de liefde van de man werd steeds minder en minder, en de vrouw, die er alles voor had opgegeven wist dat, en die wetenschap viel op haar als een kille mist in de avond, en hulde haar van het hoofd tot de voeten in een grijze wade van wanhoop. Maar ze was een dappere en sterke vrouw, en ze zag de verschrikking recht in het gezicht zonder met de ogen te knipperen. Ze wist dat ze de crisis in haar leven had bereikt, de crisis van welks uitkomst haar hele lot afhing.

Ze zag de situatie met een wrede, scherpe helderheid, die in haar hart sneed. Ze had haar carrière aan haar liefde opgeofferd. En nu liet die liefde haar in de steek. Als ze geen middel kon vinden om het licht te doen herleven dat nu vervaagde, zou het weldra helemaal opbranden, zij zou verlaten zijn temidden van de ruïnes van haar bedorven leven.

En nu besefte de vrouw, die een toneelspeelster was geweest, dat haar kunst, in plaats van een hulp en inspiratie voor haar te zijn in die donkerste omstandigheden van haar leven, juist een nadeel en een belemmering bleek te zijn. Ze miste de aanwijzingen van de regisseur, en de ideeën en woorden van de schrijver. Tot nu toe had ze nooit iets zonder hen gedaan; iedere gedachte, iedere intonatie en vrijwel elk gebaar was haar voorgedaan, want zulks is de kunst van de acteur. Maar nu ze zelf moest denken, scheppen en acteren voelde ze zich hulpeloos en zonder hulpmiddelen, zoals een kind dat zich plotseling tegenover een groot probleem ziet gesteld. Maar met iedere dag die voorbijging, drong de noodzaak om prompt en krachtig te handelen zich steeds meer aan haar op. Op een dag, terwijl ze heen en weer liep met het gevoel van wilde wanhoop die met de minuut groter werd, kreeg ze bezoek van een man. Hij was de directeur van de schouwburg waar ze vroeger had gespeeld. Hij kwam haar vragen op korte termijn een rol te vervullen in een nieuw toneelstuk. Ze weigerde. Wat had zij met het toneel te maken, en met die valse kunst die degenen die hem beoefenen tot marionetten maakte, hulpeloze marionetten bewogen door touwtjes die de regisseur en de schrijver in handen hielden?

Vandaag stond zij van aangezicht tot aangezicht met een tragedie van het werkelijke leven, vergeleken waarbij alle schijn-leed op het toneel slechts verguldsel en karton waren. Maar de directeur bleef aandringen; het betekende geld voor hem, en dus bleef hij om haar heen zoemen met de volhardendheid van een vlieg in de herfst, die zich niet laat wegjagen.

Wilde ze het stuk dan ten minste niet lezen? Om

van hem af te zijn, las ze het en merkte dat de tragedie van het stuk de tragedie van haar leven was. De situatie was dezelfde, en er werd een oplossing voor het probleem gegeven.
Het lot was de actrice te hulp gekomen met een toneelstuk. Zij zou het spelen om ieder detail van de situatie volkomen te beheersen. En zo studeerde zij de rol in, en speelde die weldra voor een talrijk publiek. Ze acteerde met een geniale hartstocht, die zij in haar hele carrière nooit had overtroffen, en het donderende applaus van alle kanten was de onweerstaanbare eer die de mensen met hart en ziel aan het alles-overwinnende genie bewezen.
Toen het allemaal voorbij was, keerde ze moe en half verdoofd naar huis terug, terwijl de kreten en toejuichingen van de menigte nog in haar oren naklonken. Ze had hun het beste gegeven wat in haar was, had de macht en het wonder van haar ziel aan hun voeten uitgestort. Het enige dat haar nu nog overbleef was een gevoel van machteloosheid en zwakte. Ze kwam moe en met bloemen overladen bij haar huis aan. Plotseling merkte ze de twee plaatsen op die op de tafel voor het souper waren gedekt, en toen herinnerde ze zich dat haar lot vanavond zou worden beslist. Ze was het tot op dat ogenblik vergeten. Op dat moment kwam de man van wie ze had gehouden binnen, en hij

zei: 'Ben ik op tijd?'
Ze keek op de klok en zei: 'Je bent op tijd, maar je bent net iets te laat.'

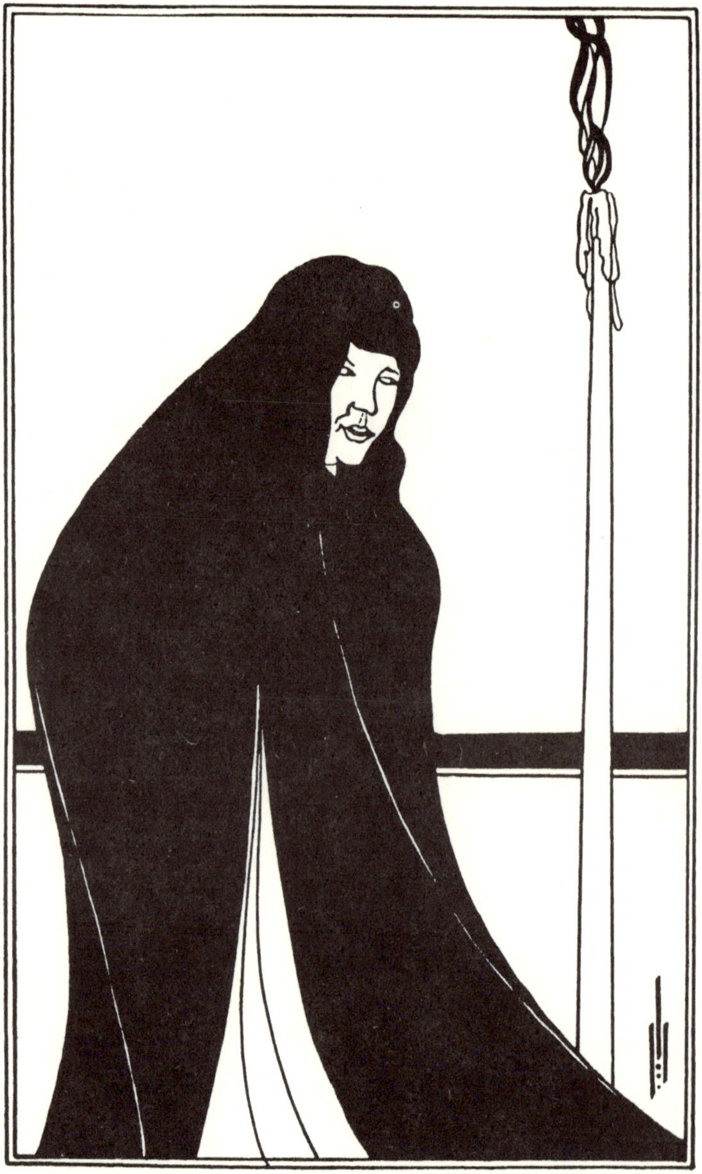

SIMON VAN CYRENE

De oude man zat met gebogen hoofd en geduldige rug, terwijl de vergeefse beschuldigingen van zijn boze vrouw hem om de oren vlogen.

Als een eindeloze waterval kletterde de volledige herhaling van haar verwijten: 'Idiote grijsaard, waarom heb je je tijd verdaan met op de weg te slenteren? Jouw vader, en zijn vader, en zijn vader voor hem, waren allen bewakers van de tempelpoort; en als je meteen gegaan was toen je werd gehaald, zou je ongetwijfeld ook poortwachter zijn geworden. Maar nu is een bereidwilliger man gekozen.

'O! dwaze oude man die liever op de weg slenterde zodat je, voorwaar, het kruis voor een of andere jonge timmerman, een opruiende misdadiger, kon dragen.'

'Het is waar,' zei de oude man, 'ik ben die jongeman tegengekomen die gekruisigd zou worden, en de centurion heeft me gevraagd zijn kruis te dragen. En nadat ik het naar de top van de heuvel had gedragen, ben ik daar nog

gebleven vanwege de woorden die hij sprak, want hij was erg verdrietig, maar met een verdriet dat niet hemzelf, maar anderen betrof, en het wonder van zijn woorden hield mij daar, zodat ik alles vergat.'
'Ja, werkelijk, je vergat alles, en het weinige verstand dat je ooit hebt gehad, en dus kwam je te laat om bewaker van de tempel te worden! Schaam je je niet wanneer je bedenkt dat je vader, en zijn vader, en zijn vader voor hem allen bewakers van de poort van het huis van de Heer waren, en dat hun namen daar in gouden letters op geschreven zijn, die door alle mensen in de toekomst voor eeuwig en altijd gelezen zullen worden? Maar van jou, luie kindse grijsaard, zal als enige van je familie, niemand ooit meer horen, want wie in de hele wereld zal, wanneer jij dood bent, ooit nog de naam Simon van Cyrene horen?"

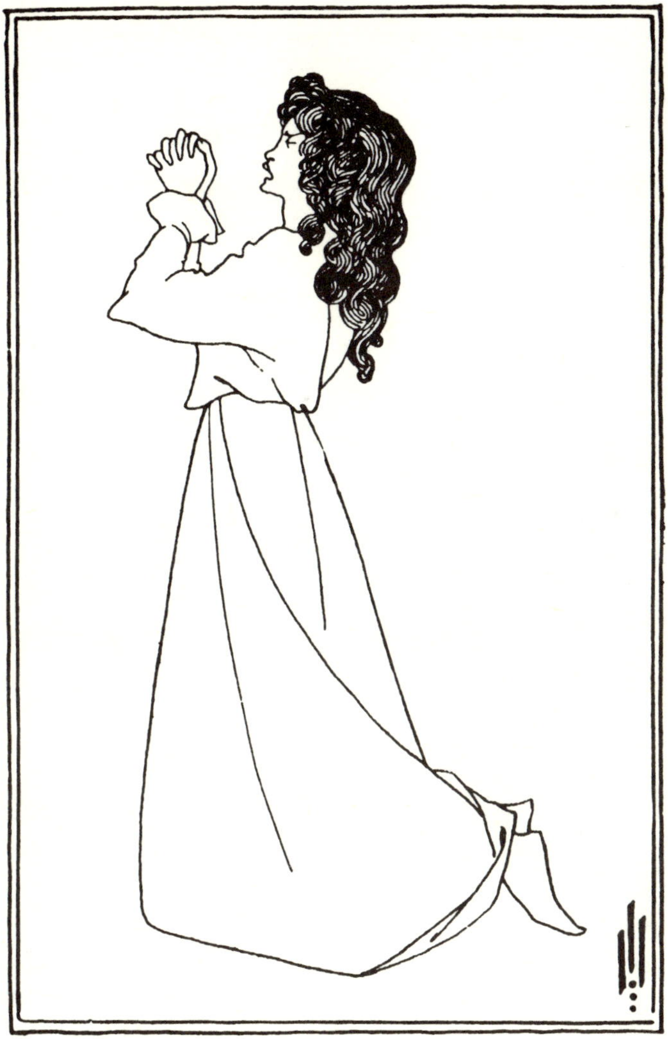

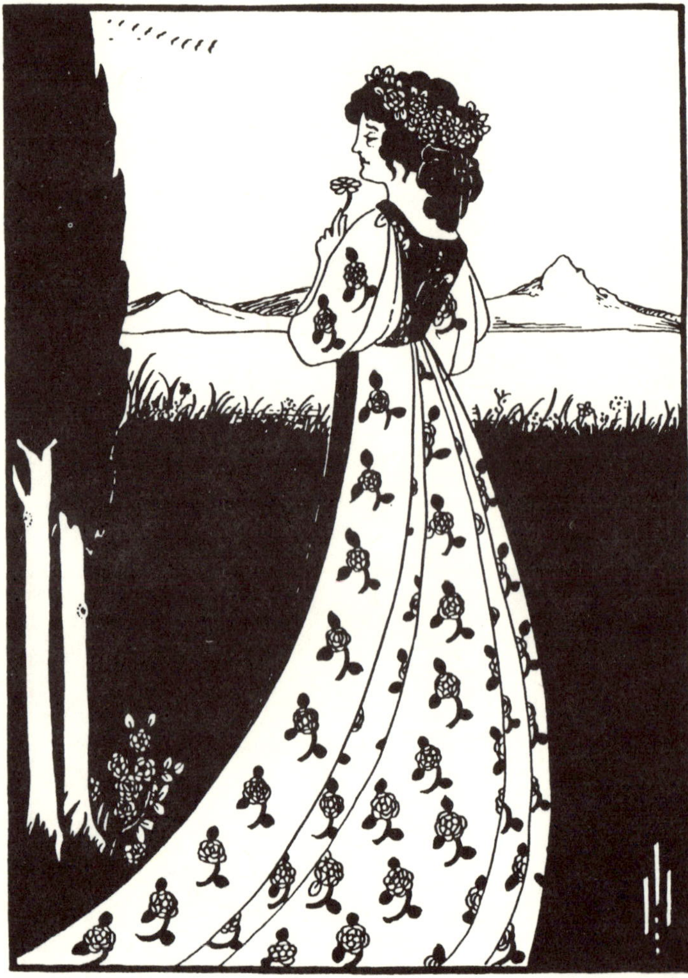

En de koningin antwoordde, en ze sprak op een trage, lome manier, als iemand die is uitgeput door een grote vermoeidheid en dodelijk getroffen is door de verzadiging van vervulde verlangens:

'Het is waar, o koning! dat ik alles bezit wat de aarde kan geven, juwelen en goud en kleren van Tyreens purper en geweven zilver, en marmeren paleizen vol slaven en dansmeisjes; dat alles is van mij. Ook heb ik rozentuinen en palmbomen en sinaasappelbosjes, die 's middags van geur bezwangerd zijn.

En de kamelen met hun zwaaiende tred lopen onafgebroken door de grote woestijn, zwaar beladen met parfums en schatten om mij te verrukken. En iedere man is mijn slaaf, want ik ben almachtig in mijn schoonheid. Zelfs gij, o koning! buigt u voor mij in het stof, en gij zijt Ahab, de koning van Syrië. Maar voor de poort van mijn paleis ligt een wijngaard; het gras is groen en de duiven vliegen daar, maar hij behoort aan een ander toe; daarom zucht ik.'

En Ahab zei:

'Zucht niet, o Jezabel! Want ongetwijfeld zult ge die wijngaard krijgen waar het gras groen is en de duiven vliegen. Het is het veld van Naboth, mijn banierdrager, en mijn boezemvriend, want hij heeft twee keer mijn leven gered in de strijd.'

JEZABEL

De koningin stond op haar marmer
naar de mooie velden te kijken die wi
om haar paleis lagen. Haar bloedrode
in dikke vlechten aan weerskanten
witte gezicht. Ze was van top tot tee
gewaad van geweven goud gehuld,
snoeren met smaragden wonden zich
heen, flitsend en glinsterend in de sch
als groene spelende slangen. Haar lan
handen waren bezaaid met edelstenen,
er in haar verrukkelijke en dodelijke
heid uit als een of ander prachtig idoo
Ze slaakte een diepe en zware zucht, en
koning zei tegen haar:
'Waarom zucht ge, o koningin van de
heid? Is er iets in de hemel of op aard
niet hebt dat uw hart begeert? Hebt ge n
wat voor goud te koop is en dat mensen
werk van hun handen kunnen maken? N
er iets anders is dat uw ziel begeert, ben i
niet om het u te geven? Want ben ik
slaaf, al ben ik dan koning van Syrië?'

Toen liet hij Naboth de Syriër komen.
Naboth nu was een jongeman van twintig jaar, en knap om te zien zoals hij in zijn volle kracht en lengte voor de koning stond.
En de koning zei:
'De koningin begeert je wijngaard; ik zal die daarom met goudstukken en kostbare juwelen bedekken, die je in plaats van het land zult nemen, of wat je anders zult noemen, hetzij in eer of schatten, dat je wilt hebben; want de koningin begeert je wijngaard.'
Maar Naboth zei:
'Nee, koning, mijn wijngaard was de wijngaard van mijn voorvaderen, hun nalatenschap aan mij, het enige dat ik heb; en ik kan er geen afstand van doen; nee, niet voor alle schatten van de wereld.'
Toen sprak Jezabel, de koningin, en haar stem klonk laag en zacht, als de zomerwind bij avond:
'Val hem niet lastig; de wijngaard is van hem en moet hem niet worden ontnomen. Laat hem in vrede heengaan.'
En Ahab ging heen en Naboth eveneens.
Maar later die dag liet Jezabel Naboth komen, en hij stond voor haar. Toen zei ze tegen hem:
'Kom hier en ga naast mij zitten op deze troon van ivoor en goud.' Maar Naboth zei:
'Nee, koningin, dat mag ik niet doen, want de

troon van ivoor en goud is de troon van Ahab, de koning van Syrië, en daarop mag niemand anders naast u zitten dan de koning.'
Maar de koningin antwoordde:
'Ik ben Jezabel, de koningin, en ik gelast u te gaan zitten.'
En hij ging naast haar zitten op de troon van ivoor en goud. Toen zei de koningin tegen Naboth:
'Hier is een drinkbeker gemaakt uit een enkele amethyst. Drink eruit!'
Maar Naboth zei:
'Nee, want het is de drinkbeker van Ahab, de koning van Syrië, en daaruit mag niemand anders drinken dan de koning.'
Maar de koningin antwoordde:
'Ik ben Jezabel, de koningin, en ik beveel u eruit te drinken.'
En hij dronk uit de beker die uit een enkele amethyst was gemaakt. Toen zei de koningin tegen Naboth:
'Ik ben heel mooi. Er is niemand op de hele wereld die zo mooi is. Kus mij!'
Maar Naboth zei:
'Gij zijt de vrouw van Ahab, de koning van Syrië; niemand anders dan de koning mag u kussen.'
En de koningin zei:
'Ik ben Jezabel, de koningin, en ge zult mij kussen.'

En ze sloeg haar ivoren armen om zijn hals, zodat hij niet weg kon. En toen riep ze met luider stemme, en zei:
'Ahab! Ahab!'
En de koning hoorde haar, en toen hij eraan kwam, zag hij haar lippen op de lippen van Naboth, en haar ivoren armen om zijn hals geslagen. En, uitzinnig van blinde woede, stak hij zijn speer door het lichaam van Naboth, de Syriër, die stierf en in zijn bloed op de marmeren vloer viel.
En toen de koning zijn boezemvriend in zijn bloed zag liggen, door zijn hand gedood, verdween zijn toorn en zijn hart was van wroeging en zijn ziel was van angst vervuld. En hij riep uit:
'O Naboth! mijn banierdrager en boezemvriend, die twee keer mijn leven in de strijd hebt gered, heb ik u werkelijk met deze handen gedood, en is het bloed dat eraan kleeft werkelijk het bloed van uw jeugdige hart? Ik wou dat het 't mijne was en dat ik in mijn eigen bloed lag waar gij nu ligt!'
En dit verdriet vrat aan zijn ziel en zijn jammerklachten vervulden de lucht. Maar Jezabel, de koningin, glimlachte een vreemde, lieve glimlach en zei, met haar stem die was als het zuchten van de zomerbries bij avond, zo laag en zacht was hij:

'Nee, koning, uw jammerklachten zijn dwaas en uw tranen zijn vergeefs; ge zoudt eerder behoren te lachen, want nu is de wijngaard waar het gras groen is en waar de duiven vliegen mijn eigendom.'

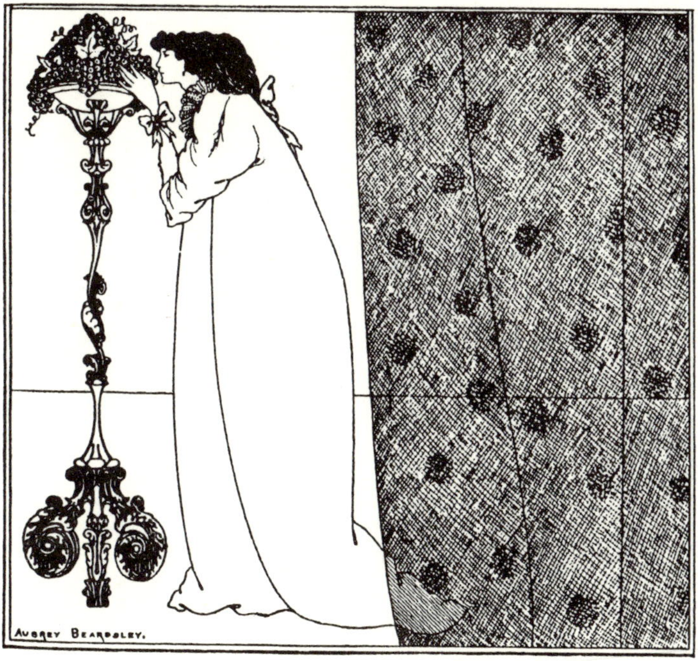
AUBREY BEARDSLEY.

AUBREY BEARDSLEY.

Verantwoording

*Deze uitgave van de **Poems in Prose** van Oscar Wilde werd in opdracht van uitgeverij Sirius en Siderius bijeengebracht, vertaald en ingeleid door Max Schuchart en verluchtigd met een aantal tekeningen en vignetten, gekozen uit het oeuvre van Wildes tijdgenoot Aubrey Beardsley.*